Inhalt

Lieferketten-Management - Qualitätsmanagement führt zu Vertrauen in Lieferanten und bei den Kunden

Kernthesen

Beitrag

Fallbeispiele

Weiterführende Literatur

Impressum

Lieferketten-Management - Qualitätsmanagement führt zu Vertrauen in Lieferanten und bei den Kunden

M.Westphal

Kernthesen

- Das Lieferketten-Management gewinnt für Unternehmen immer mehr an Bedeutung.
- Neben den klassischen Supply-Chain-Kennziffern wie Lagerumschlag oder Bestände gewinnt Prozessqualität wie aber auch die Qualitätssicherung zunehmend an

Bedeutung.
- Nicht erst seit den kürzlich bekannt gewordenen mangelnden Produktqualitäten bei Kinderspielzeug, sondern auch im Lebensmittel-Bereich ist bei den Handelsunternehmen der Faktor Produktqualität und die diesbezügliche Überwachung der Lieferkette in den Fokus der Aktivitäten gerückt.

Beitrag

Die in der letzten Zeit durch die Presse gegangenen Rückrufaktionen für Kinderspielzeug wie aber auch Greenpeace-Untersuchungen zur Produktqualität im Lebensmittel-Einzelhandel haben die Überprüfung der gesamten Lieferkette hin auf Qualitätssicherung in den Fokus der Handelsunternehmen gerückt.

Unternehmen müssen sich deutlich stärker um die Überwachung ihrer Lieferkette kümmern

Ökologisches Bewusstsein gehört zu einem der übergreifenden gesellschaftlichen Trends und spielt

auch im Bereich des Einkaufs und der damit verbundenen Auswahl von Lieferanten eine bedeutende Rolle. Der deutsche Handel ist sich des großen Problempotenzials, welches das Risiko mit mangelhafter oder schadstoffbelasteter Ware aufzufallen birgt, bewusst. (1) (3)
So dürfen sich die Unternehmen im Rahmen ihres Einkaufs den Themen Risikomanagement, Auswahl von Lieferanten in Billiglohnländern und Umweltschutz nicht mehr verschließen. Aktuelle Rückrufaktionen in der Spielwarenbranche wie auch Ergebnisse von Qualitätstests im Bereich von Bio-Nahrung führen dazu, über ein entsprechendes Lieferantenmanagement und die benötigte Qualitätssicherung nachzudenken. (1)
Die Unternehmen haben in den vergangenen Jahren ihr Supply-Chain-Management deutlich professioneller aufgestellt. Die Unternehmen haben eigene Sicherungssysteme für die Qualität aufgebaut. So verlassen sich die meisten Unternehmen nicht auf Zertifikate der Herstellerfirmen oder Muster-Artikel, die geprüft werden können. Inzwischen haben sie sogar zur Absicherung der Produktqualität sogar Stichproben aus der laufenden Produktion eingeführt. Diese sollen sicherstellen, dass die Ware auf ihre Verkehrsfähigkeit und Mangelfreiheit überprüft wird, bevor sie überhaupt verschifft wird. (3)

Der Lebensmittel-Bereich steht im Hinblick auf Produktqualität unter scharfer Überwachung durch Institutionen wie Greenpeace

Nicht nur der Nonfood-Sektor ist von den Gefahren mangelhafter Produktqualität betroffen. Auch die Lieferanten von Gemüse und Obst haben von den deutschen Handelsunternehmen strenge Auflagen erhalten, die eine Kontrolle vom Feld bis in den Markt und die Einhaltung strenger Grenzwerte beinhalten. Das wesentliche Problem dieses Lebensmittelsegments ist das Problem der chemischen Rückstände. Die Handelsunternehmen haben deshalb Grenzwerte definiert, die häufig deutlich unter den von staatlichen Stellen empfohlenen oder auch vorgeschriebenen Grenzwerten liegen. Zur Einhaltung dieser Werte haben die Handelsunternehmen eigene Qualitätssicherungssysteme aufgebaut. (4) Greenpeace überprüft die Lebensmittelqualität in deutschen Handelsunternehmen jährlich. So wurde der Pokal "Maximale Pestizidbelastung 2007" dieses Jahr an Kaiser`s Tengelmann, Rewe und Edeka vergeben. Diese Unternehmen hatten im Vergleich der Produktqualität in Supermärkten im Bereich Obst

und Gemüse am schlechtesten abgeschnitten. Die letztjährigen Verlierer Aldi und Lidl dagegen bekamen dieses Jahr eine gute Beurteilung. (4) Greenpeace allerdings belässt es nicht nur bei der Präsentation seiner Ergebnisse, sondern nutzt diese auch in groß angelegten Kampagnen, die den PR-Abteilungen der großen betroffenen Handelskonzerne dann Kopfschmerzen bereiten. (4)
Auch das von Stern-TV beauftragte Institut LVA hat im Juni 2007 den Lidl-Produkten eine Top-Qualität bestätigt. So waren in 58 Prozent der Lidl-Proben überhaupt keine Pestizide zu finden und die übrigen Proben lagen deutlich unter den Grenzwerten. (4)
Lidl beauftragte parallel zu diesem Test selbst mehrere Institute zu einem deutschlandweiten Test des Handels. Auch diese Testreihen ergaben einwandfreie Qualität bei Lidl und unterstellten der Konkurrenz deutlich schlechtere Ergebnisse. (4)
Die sehr guten Testresultate von Lidl im Jahre 2007 sind im wesentlichen eine Folge der katastrophalen Ergebnisse der Greenpeace-Untersuchung im Jahre 2005, woraufhin das Unternehmen sein Qualitätsmanagement neu organisierte. Das 2006 etablierte System fußt auf den drei Säulen Rückverfolgbarkeit, Rückstandsmonitoring und Informationssystem. Jährlich werden an die 20 000 Bewertungen von Produkten durchgeführt. Die Ergebnisse stehen allen Erzeugern und Lieferanten zur Verfügung. Im Bereich Pestizide akzeptiert Lidl

lediglich noch Grenzwerte, die maximal ein Drittel der in der Rückstandshöchstmengenverordnung festgelegten Grenzwerte ausmachen. (4)
Die Rewe Group, die Edeka-Gruppe wie auch der Metro-Konzern haben Anfang des Jahres 2007 neue Grenzwerte definiert. Gemäß den neuen Grenzen dürfen die Produkte maximal noch 70 Prozent des gesetzlichen Höchstwertes an Rückständen aufweisen. Bei Verstößen drohen Sanktionen bis hin zur Auslistung. Die Edeka-Gruppe hat für Eigenmarken allerdings bereits seit zehn Jahren eine Maßgabe von maximal 50 Prozent. (4)
Viele Handelsunternehmen sehen aber in der fehlenden EU-weiten Harmonisierung der Rückstandswerte das Hauptproblem einer zielführenden Qualitätssicherung. (4)

Produktlieferungen aus China müssen noch besonders überwacht weden

Gerade in Ländern wie China ist die Sicherstellung einer durchgängigen Qualitätskontrolle problematisch, da die Zulieferketten in China nur mit großem Aufwand zu durchschauen sind. Die Transparenz von ökonomischen Prozessketten ist dort nicht wirklich erwünscht. Ein geeigneter Lieferant muss über entsprechende Logistikstrukturen verfügen und ein sauberes Unterlieferantenmanagement haben. Gerade an diesem Management hapert es häufig noch bei chinesischen Lieferketten. So kann bei einkaufsspezifischen Unterscheidungen von China nicht als einem Land "Best Cost Country Sourcing" gesprochen werden. China gehört allenfalls in eine Kategorie "Low Cost Country Sourcing". Die Einhaltung gewisser Standards ist hier unabdingbar, soll ein sinnvoller Einkauf gewährleistet sein, ist aber auch genügend problematisch in der Implementation. (1)

Die Supply-Chain muss insgesamt noch deutlich besser überwacht werden im Hinblick auf Verbesserungspotenziale

Performance-Vergleiche im Bereich Supply Chain reduzieren sich meist auf Kennziffern wie Umschlagshäufigkeit und Liefertreue von Waren. Aber die Erfassung der Abweichungen von Marktstandards in diesen Kennziffern ist nur ein erster Schritt. Nur, wenn es dem Unternehmen gelingt, exakt zu isolieren, welche Prozessschritte

warum schlecht funktionieren, können entgegen klassischen Optimierungsversuchen auch wirklich Verbesserungen der Supply Chain erzielt werden. Ebenso müssen nicht rein quantitativ erfassbare Faktoren wie Monitoring der Produktqualität einfließen.
Nun gibt es IT-gestützte Werkzeuge wie SAPs Advanced Planner and Optimizer (APO), die bei der Optimierung einer Lieferkette helfen können. Aber auch solche Systeme können nur sinnvolle Ergebnisse liefern, wenn sie manuell den jeweiligen Marktveränderungen angepasst werden. So hat bei einem amerikanischen Unternehmen das APO-Tool in einer starken Wachstumsphase zu einem kontinuierlichen Aufbau von Sicherheitspuffern bei allen Materialpositionen geführt, um die Lieferfähigkeit sicherzustellen. Aber das System erkannte ein langsames Nachlassen der Nachfrage nicht rechtzeitig und reagierte auch nicht mit einem entsprechenden Einschmelzen der Sicherheitspuffer, weshalb das Unternehmen auf einmal auf unbenötigten Lagerbeständen in der Größenordnung von zwei Milliarden US-Dollar saß, die komplett abgeschrieben werden mussten. Es reicht bei diesen Systemen nicht eine Justierung bei Einführung vorzunehmen, sondern die Marktparameter müssen kontinuierlich manuell neu nachjustiert werden, sobald Veränderungen erkennbar sind.
Wichtig ist es im Rahmen des Supply Chain

Managements vorrangig die Prozesse zu überwachen und gegebenenfalls anzupassen. Das bedingt eine Überprüfung der IT-Prozesse wie aber auch ein Hinterfragen, warum an bestimmten Stationen innerhalb der Wertschöpfungskette immer wieder Probleme auftreten. Vereinfachende Kennzahlen wie Lagerkosten oder Bestände können nur unzureichend Verbesserungspotenziale aufzeigen, da sie die Komplexität der Lieferkette nicht ausreichend abbilden. Insbesondere Problembereiche wie Qualitätssicherung kann vom IT-System nur so gut erfasst und im Controlling berücksichtigt werden wie der Prozess implementiert ist. Gerade die Interdependenzen der verschiedenen Faktoren können eine Grundlage für Verbesserungen der gesamten Supply- Prozesskette aufdecken. (2)

Fallbeispiele

Der Otto-Konzern hat ein eigenes Warenprüfungs-Institut aufgebaut. "Hansecontrol" soll für eine größtmögliche Qualität sorgen und wurde deshalb eingerichtet, weil die Prüfinstitute, die es auf dem Markt gibt, häufig nicht das liefern konnten, was die Handelsunternehmen verlangen. Auch der Metro-

Konzern vertraut vor allem auf eigene Prüfabteilungen, die vor, während und nach der Produktion ihre Stichproben ziehen und testen. Außerdem will der Konzern eine Zertifizierung aller Nonfood-Lieferanten nach den Anforderungen des "British Retail Consortium" einfordern. (3)
Schon länger ist den Discountern das Problem qualitativ minderwertiger Produkte bewusst. Das Nonfood-Sortiment macht bei Discountern wie Aldi oder Lidl inzwischen etwa 20 Prozent des Gesamtumsatzes aus. Sie werben mit dem Vertrauen, dass sie den Herstellermarken gleichwertige Qualität anbieten, diese aber zu deutlich geringeren Preisen. Die schon seit Jahren immer wieder mal aufgetretenen Rückrufaktionen von schadstoffbelasteten Produkten führen nicht nur zu hohen Kosten, sondern können das Vertrauen der Verbraucher auch langfristig empfindlich beeinträchtigen, welches über Jahre aufgebaut wurde. So hat z. B. Aldi Süd bereits 2005 eine eigene Abteilung für Qualitätssicherung aufgebaut und investiert inzwischen mehrere Millionen jährlich in Schadstoffuntersuchungen. Diese Abteilung kontrolliert die Qualität von Lebensmitteln wie aber auch Nonfood-Ware. Spezialisten wie Lebensmittel-Chemiker, Textil-Ingenieure und andere Spezialisten sind mit der ständigen Kontrolle der Produktqualität betraut. (3) (4)
In Hongkong beschäftigt Tchibo etwa 50 Mitarbeiter,

die sich der Qualitätssicherung widmen sollen. Der Discounter Plus hat sich mit dem TÜV-Rheinland zusammengetan, um die Qualität seiner Produkte zu gewährleisten. (3)
Die Fruchthandelsgesellschaft Iberiana hat vor mehr als zehn Jahren mit der Qualitätssicherung begonnen. In den spanischen Anbauregionen sind akkreditierte Kontrollen etabliert worden ebenso wie an Verkaufsstellen. Ein wesentlicher Prüfpunkt ist die Chemikalienbelastung. Sämtliche Prüfergebnisse liegen der Zentrale innerhalb von 48 Stunden vor, so dass gegebenenfalls die Ware rechtzeitig zurückgezogen werden kann. (4)

Weiterführende Literatur

(1) Undurchsichtige Lieferkette
aus BA Beschaffung aktuell, Heft 9, 2007, S. 3

(2) Werkzeuge vermessen die Performance von Abläufen in der Logistik Benchmarking für Lieferketten
aus Computer Zeitung, Heft 36, 2007, S. 17

(3) Händler schauen bei Nonfood-Ware genauer hin
aus Lebensmittel Zeitung 34 vom 24.08.2007 Seite 006

(4) Alles unter Kontrolle
aus LEBENSMITTEL PRAXIS NR. 016 VOM 24.08.2007 SEITE 012

(5) Brinkhoff, Andreas; Thonemann, Ulrich, Perfekte Projekte in der Lieferkette, Harvard Businessmanager, 26.06.2007, Nr. 7, S. 6
aus LEBENSMITTEL PRAXIS NR. 016 VOM 24.08.2007 SEITE 012

Impressum

Lieferketten-Management - Qualitätsmanagement führt zu Vertrauen in Lieferanten und bei den Kunden

Bibliografische Information der deutschen Nationalbibliothek

Die Deutsche Nationalbibliothek verzeichnet diese Publikation in der deutschen Nationalbibliografie; detaillierte bibliografische Daten sind im Internet über http://dnb.d-nb.de abrufbar.

ISBN: 978-3-7379-0049-2

© 2015 GBI-Genios Deutsche Wirtschaftsdatenbank GmbH, Freischützstraße 96, 81927 München, www.genios.de

Alle Rechte vorbehalten. Dieses Werk ist einschließlich aller seiner Teile – z.B. Texte, Tabellen und Grafiken - urheberrechtlich geschützt. Jede Verwertung außerhalb der Grenzen des Urheberrechtsgesetzes bedarf der vorherigen Zustimmung des Verlags. Dies gilt insbesondere auch für auszugsweise Nachdrucke, fotomechanische Vervielfältigungen (Fotokopie/Mikroskopie), Übersetzungen, Auswertungen durch Datenbanken oder ähnliche Einrichtungen und die Einspeicherung und Verarbeitung in elektronischen Systemen.